Printed in the USA

Don Pasquale Libretto
(English and Italian Edition)

By Gaetano Donizetti,
Antonio Rossi

Contents

Act One   1

Act Two   21

Act Three   50

Italian	English
# Atto primo	# Act One
Sala in casa di Don Pasquale, con porta in fondo d'entrata comune, e due porte laterali che guidano agli appartamenti interni.	*A room in the house of Don Pasquale, with a common entrance at the back, and two side doors leading to the inner chambers.*
## Scena prima	## Scene One
Don Pasquale solo. Guarda con impazienza all'orologio.	*Don Pasquale alone, staring anxiously at the clock.*
Don Pasquale Son nov'ore; di ritorno il dottore esser dovria. *(ascoltando)* Zitto!... Parmi... È fantasia... Forse il vento che passò. Che boccon di pillolina, nipotino, vi preparo! Vo' chiamarmi don Somaro se veder non ve la fo.	**Don Pasquale** It's nine o'clock; My friend, the doctor, should be coming. *(Listening)* Hush!... It seems like... Maybe it's in my head... Or maybe it was just the wind. Oh what a pill, I will prepare for you, nephew! I'll call myself a donkey If I fail to open your eyes.
Malatesta È permesso? *(Malatesta di dentro*	**Malatesta** Am I allowed? *(Malatesta from within)*
Don Pasquale Avanti, avanti.	**Don Pasquale** Enter, please.

Italian	English
Scena seconda	**Scene Two**
Il dottore Malatesta e detto.	*Enter Doctor Malatesta.*
Don Pasquale *(con ansietà)* Dunque?...	**Don Pasquale** *(anxiously)* So...?
Malatesta Zitto, con prudenza.	**Malatesta** Hush, you need to be patient.
Don Pasquale Io mi struggo d'impazienza. La sposina...?	**Don Pasquale** I can't wait any longer. Where is the bride...?
Malatesta Si trovò .	**Malatesta** I found her.
Don Pasquale Benedetto!	**Don Pasquale** Oh, bless you!
Malatesta (Che babbione!) Proprio quella che ci vuole. Ascoltate, in due parole il ritratto ve ne fo'.	**Malatesta** (What a chump!) Exactly the one I was looking for. Listen to me, I will briefly describe your bride.
Don Pasquale Son tutt'occhi, tutto orecchie, muto, attento a udir vi sto.	**Don Pasquale** I am all eyes, all ears, mute and devoted, I will listen to you.

Italian	English
Malatesta Bella siccome un angelo in terra pellegrino, fresca siccome il giglio che s'apre in sul mattino, occhio che parla e ride, sguardo che i cor conquide. Chioma che vince l'ebano sorriso incantator.	**Malatesta** Beautiful as an angel on the Earth, Bright as a lily blooming in the morning, Lovely eyes that speak while smiling Her glimpse conquers every heart. Hair that can overshadow ebony A charming smile.
Don Pasquale Sposa simile! Oh, giubilo! Non cape in petto il cor.	**Don Pasquale** Such a lovely wife you've found! Oh joy! My heart skips a beat.
Malatesta Alma innocente e candida, che sé medesma ignora; modestia impareggiabile, dolcezza che innamora ai miseri pietosa, gentil, buona, amorosa. Il ciel l'ha fatta nascere per far beato un cor.	**Malatesta** A soul that's innocent and pure, unaware of her perfection; incomparably modest, Sweetness that wins every heart She shows mercy to the wretched, She's kind, sweet, lovely. Heaven sent her to glorify some heart.
Don Pasquale Famiglia?	**Don Pasquale** Her family?
Malatesta Agiata, onesta.	**Malatesta** Wealthy and honest.
Don Pasquale Casato?	**Don Pasquale** From the house of?

Italian	English
Malatesta Malatesta.	**Malatesta** Malatesta.
Don Pasquale *(con intenzione)* Sarà vostra parente?	**Don Pasquale** *(intentionally)* She's one of your relatives?
Malatesta Alla lontana un po'... È mia sorella.	**Malatesta** Somehow... She is my sister.
Don Pasquale Oh gioia! Di più bramar non so. E quando di vederla, quando mi fia concesso?	**Don Pasquale** Oh, joy! I couldn't ask for more. And when can I meet her, When am I allowed?
Malatesta Domani sul crepuscolo.	**Malatesta** At twilight tomorrow.
Don Pasquale Domani? Adesso, adesso. Per carità, dottore!	**Don Pasquale** Tomorrow? Why not now. I beg you, doctor!
Malatesta Frenate il vostro ardore, quetatevi, calmatevi, fra poco qui verrà.	**Malatesta** Contain your desire, please calm down, she'll be here soon.
Don Pasquale *(con trasporto)* Da vero?	**Don Pasquale** *(enthusiastic)* For real?

Italian	English
Malatesta Preparatevi, e ve la porto qua.	**Malatesta** Prepare yourself, and I'll bring her here.
Don Pasquale Oh caro! *(lo abbraccia)* Or tosto a prenderla..	**Don Pasquale** Oh my dear fellow! *(embracing him)* Now quick, go and fetch her...
Malatesta Ma udite...	**Malatesta** But listen to me...
Don Pasquale Non fiatate.	**Don Pasquale** Don't say a word.
Malatesta Ma...	**Malatesta** But...
Don Pasquale Non c'è ma, volate, o casco morto qua. *(gli tura la bocca e lo spinge via)* Un foco insolito mi sento addosso, omai resistere io più non posso. Dell'età vecchia scordo i malanni, mi sento giovine come a vent'anni. Deh! cara, affrettati, dolce sposina!	**Don Pasquale** There are no buts, fly, Or I'll fall down dead on the spot. *(He blocks his mouth, and pushes him out)* An uncommon fire burns in my heart, I can resist no more. Of my old age I forget the sufferings, I feel younger like when I was twenty years old. Ah! Hasten, my sweet little bride!

Italian	English
Ecco di bamboli mezza dozzina veggo già nascere, veggo già crescere, a me d'intorno veggo scherzar. Son rinato. Or si parli al nipotino. A fare il cervellino veda che si guadagna. *(guarda nelle scene)* Eccolo appunto.	I want many little babies a full dozen I can see them gathering, growing up, around me I can see them playing. I feel reborn. Now for my nephew. He has been harebrained for so long, *(looking off)* Here he comes.
## Scena terza	## Scene three
Ernesto e detto.	*He's with Ernest.*
Don Pasquale Giungete a tempo. Stavo per mandarvi a chiamare. Favorite.	**Don Pasquale** You've come just in time. I was going to send for you. Do me a favor.
Ernesto Sono ai vostri comandi.	**Ernest** I'm at your command.
Don Pasquale Non vo' farvi un sermone, vi domando un minuto d'attenzione. È vero o non è vero che, saranno due mesi, io v'offersi la man d'una zitella nobile, ricca e bella?	**Don Pasquale** I'm not going to deliver a sermon, I demand your attention for a minute. Is it true, or is it not true that, since two months, I've offered you the hand of a maiden, noble, rich and beautiful?

Italian	English
Ernesto È vero.	**Ernest** It's true.
Don Pasquale Promettendovi, per giunta un buon assegnamento, e alla mia morte, quanto possiedo?	**Don Pasquale** Isn't also true that I promised to give you a healthy allowance, and at my death, to give you all the goods I possessed?
Ernesto È vero.	**Ernest** It's true.
Don Pasquale Minacciando, in caso di rifiuto, diseredarvi, e a torvi ogni speranza, ammogliarmi, se è d'uopo?	**Don Pasquale** Warning you that, in case of your refusal, I would disinherit you, cut off all hope, and marry a wife myself?
Ernesto È vero.	**Ernest** Yes, that's true.
Don Pasquale Or bene, la sposa che v'offersi, or son tre mesi, ve l'offro ancor.	**Don Pasquale** So now, the wife I've offered you, three months ago, I offer you again.
Ernesto Non posso; amo Norina, la mia fede è impegnata...	**Ernest** I can't accept your offer; I love Norina, I'm devoted to her...
Don Pasquale Sì, con una spiantata, con una vedovella civettina...	**Don Pasquale** Yes, to a poor little coquettish widow...

Italian	English
Ernesto Rispettate una giovine povera, ma onorata e virtuosa.	**Ernest** Respect a young and poor maiden, she's honored and respectable.
Don Pasquale Siete proprio deciso?	**Don Pasquale** Have you carefully decided?
Ernesto Irrevocabilmente.	**Ernest** Firmly.
Don Pasquale Or ben, pensate a trovarvi un alloggio.	**Don Pasquale** Now then you'd better find a new dwelling.
Ernesto Così mi discacciate?	**Ernest** Then you're pushing me away?
Don Pasquale La vostra ostinatezza d'ogni impegno mi scioglie. Fate di provvedervi. Io prendo moglie.	**Don Pasquale** Your obstinacy shall free me from all my duties. Take care of yourself. I am taking a wife.
Ernesto *(nella massima sorpresa)* Prender moglie?	**Ernest** *(in the greatest surprise)* You take a wife?
Don Pasquale Sì, signore	**Don Pasquale** Yes, sir.
Ernesto Voi?...	**Ernest** You?...
Don Pasquale	**Don Pasquale**

Italian	English
Quel desso in carne e in ossa.	I, myself in fresh and bone.
Ernesto Perdonate lo stupore... La sorpresa... (Oh questa è grossa!) Voi?...	**Ernest** Forgive me, I'm shocked... This is a surprise, (a big surprise!) You?...
Don Pasquale L'ho detto e lo ripeto. *(con impazienza)* Io, Pasquale da Corneto, possidente, qui presente, qui presente, in carne ed ossa, d'annunziarvi ho l'alto onore che mi vado ad ammogliar.	**Don Pasquale** I've said it and I repeat. *(impatiently)* I, Pasquale of Corneto, proprietor, standing here, in flesh and bone, I am proud to announce that I shall marry.
Ernesto Voi scherzate.	**Ernest** You're fooling with me.
Don Pasquale Scherzo un corno, lo vedrete, al nuovo giorno. Sono, è vero, stagionato, ma ben molto conservato, e per forza e vigoria me ne sento da prestar. Voi frattanto, signorino preparatevi a sfrattar.	**Don Pasquale** With the horn, You will see tomorrow. It's true I am aged, but very well preserved, for strength and vitality I've enough to give away. As for you, sir you shall leave my house.
Ernesto (Ci volea questa mania i miei piani a rovesciar! Sogno soave e casto	**Ernest** (His madness ruins all my plans! My sweet and pure dreams

Italian	English
de' miei prim'anni, addio. Bramai ricchezze e fasto solo per te, ben mio: povero, abbandonato, caduto in basso stato, pria che vederti misera, cara, rinunzio a te.) **Don Pasquale** (Ma, veh, che originale! Che tanghero ostinato! Adesso, manco male, mi par capacitato. Ben so dove gli duole, ma è desso che lo vuole, altri che sé medesimo egli incolpar non può!) **Ernesto** *(dopo breve pausa)* Due parole ancor di volo. **Don Pasquale** Son qui tutto ad ascoltarvi. **Ernesto** Ingannar si puote un solo: ben fareste a consigliarvi. Il dottore Malatesta è persona grave, onesta. **Don Pasquale** L'ho per tale.	of early youth, farewell. I craved for richness and glory only for you, my beloved: but now I'm poor and abandoned, Fallen so low from my good position, Before I see you in misery, my dearest, I'll renounce you.) **Don Pasquale** (Now, what an original obstinate harebrained! Now, better he seems to be accepting it. I know what troubles him, But this is my will, He can not accuse anyone but himself!) **Ernest** *(after a short interruption)* Let me speak two more words. **Don Pasquale** I am all ears. **Ernest** You are deceiving yourself: you should listen to some good advice. Go to Doctor Malatesta he's an honest and trustworthy man. **Don Pasquale** I agree.

Italian	English
Ernesto Consultatelo.	**Ernest** Consult him.
Don Pasquale E già bello e consultato.	**Don Pasquale** I already did.
Ernesto Vi sconsiglia!	**Ernest** He tries to discourage you!
Don Pasquale Anzi, al contrario, m'incoraggia, n'è incantato.	**Don Pasquale** Absolutely not, he pushes me, he's enchanted by it.
Ernesto *(colpitissimo)* Come? Come? Oh, questa poi...	**Ernest** *(shocked)* How? How? What is this...
Don Pasquale Anzi, a dirla qui fra noi, *(confidenzialmenfe)* la... capite?... la zitella, ma... silenzio... è sua sorella.	**Don Pasquale** Between ourselves *(confidentially)* the maiden, you understand?... Keep it quiet.. it's his sister.
Ernesto Sua sorella!! Che mai sento? *(agitatissimo)* Del dottore?	**Ernest** His sister!! Maybe I heard wrong? *(extremely agitated)* The sister of the Doctor?
Don Pasquale Del dottor.	**Don Pasquale** Of the Doctor.
Ernesto (Mi fa il destin mendico,	**Ernest** (Fate makes me a tramp,

Italian	English
perdo colei che adoro, in chi credevo amico discopro un traditor! D'ogni conforto privo, misero! a che pur vivo? Ah! non si dà martoro eguale al mio martor?) **Don Pasquale** (L'amico è bello e cotto, in sasso par cangiato; non fiata non fa motto, l'affoga il crepacuor. Si roda, gli sta bene, ha quel che gli conviene. Impari lo sventato a fare il bello umor.) *(partono)* # Scena quarta *Entra Norina con un libro alla mano, leggendo.* **Norina** "Quel guardo il cavaliere in mezzo al cor trafisse piegò il ginocchio e disse: son vostro cavalier! E tanto era in quel guardo sapor di paradiso, che il cavalier Riccardo,	and I lose my beloved one, A man I thought to be my friend has betrayed me! I can't find any joy in this life, ah! Why keep living? Ah! How can I bear it unheard of misery?) **Don Pasquale** (Our friend seems quite upset, As a stone he's almost petrified; he barely breaths and he's almost mute, He's choked with anguish. Let him be irritated, it serves him right, this is what he deserved. And may the wretched learn not to despise friend's advice.) *(They leave)* # Scene four *Norina enters, with a book in her hand, reading.* **Norina** "That glance conquered the heart of the knight he knelt down and said: I am your knight! That glance was so deep, of Paradise was telling, that Ricciardo inciting,

Italian	English
tutto d'amor conquiso, giurò che ad altra mai non volgeria il pensier." *(ridendo)* Ah, ah! Ah, ah! So anch'io la virtù magica d'un guardo a tempo e loco, so anch'io come si bruciano i cori a lento foco, d'un breve sorrisetto conosco anch'io l'effetto, di menzognera lagrima, d'un subito languor. Conosco i mille modi dell'amorose frodi, i vezzi, e l'arti facili per adescare un cor. Ho testa bizzarra; son pronta, vivace... mi piace scherzar, mi piace brillar. Se monto in furore di rado sto al segno, ma in riso lo sdegno *(ridendo)* fo presto a cambiar. Ho la testa bizzarra, ma core eccellente. E il dottor non si vede! Oh, che impazienza! Del romanzetto ordito a gabbar don Pasquale, ond'ei toccommi in fretta,	overcome by Love, he swore he'd be faithful to her for the rest of his days." *(laughing)* I know the magic virtues of a glance well timed and delicate, I know how to burn a heart with love, I know the effect of a gentle smile, An unseen tear, A weakness near. I know how love can be bewitching, his grace, and superficial artifices to conquer a heart. I have a capricious head; a jovial attitude... I like playing innocent tricks, and shining in the light. When I'm in a fury I can barely control myself, but I can quickly turn the anger into a smile *(laughing)* I have a capricious head, but a good heart. The Doctor has not yet come! Oh, how impatient I am! He has attempted a great romance to fool Don Pasquale, and I need to understand quickly

Italian	English
poco o nulla ho capito, ed or l'aspetto...	how we shall act, I wait for him now...
Entra un servo, le porge una lettera ed esce. Norina guardando la soprascritta.	*One of the servants enters and gives her a letter, then leaves. Norina looks at the address.*
La man d'Ernesto... io tremo. *(legge: dà cenni di sorpresa, poi di costernazione)* Oh! me meschina!	This is from Ernest... I tremble with fear. *(reading: she seems surprised, then shows signs of panic)* Oh! Unhappy me!
## Scena quinta	## Scene five
Malatesta e detta.	*Malatesta and Norina.*
Malatesta *(con allegria)* Buone nuove, Norina, il nostro stratagemma...	**Malatesta** *(happily)* Good news, Norina, our strategy...
Norina *(con vivacità)* Me ne lavo le mani.	**Norina** *(impulsively)* I wash my hands of it.
Malatesta Come? Che fu?	**Malatesta** How? Why?
Norina *(porgendogli la lettera)* Leggete .	**Norina** *(giving him the letter)* Read the letter.

Italian	English
Malatesta *(leggendo)* "Mia Norina; vi scrivo colla morte nel cor". Lo farem vivo. "Don Pasquale aggirato da quel furfante..." Grazie! "da, quella faccia doppia del dottore, sposa una sua sorella, mi scaccia di sua casa, mi disereda infine. Amor m'impone di rinunziare a voi. Lascio Roma oggi stesso, e quanto prima l'Europa. Addio. Siate felice. Questo è l'ardente mio voto. Il vostro Ernesto." Le solite pazzie! **Norina** Ma s'egli parte!... **Malatesta** Non partirà, v'accerto. In quattro salti son da lui, della nostra trama lo metto a parte, ed ei rimane, e con tanto di cor. **Norina** Ma questa trama si può saper qual sia? **Malatesta** A punire il nipote,	**Malatesta** *(reading)* "My dear Norina, I write this letter with death in my heart". (I'll bring him back to life). "Don Pasquale, fooled by that scoundrel..." Thanks! That double-faced deceiver, the Doctor, marries his sister, I'm banished from his house, in short, he disinherits me. Love forces me to renounce you. I'll leave Rome today, and as soon as possible Europe too. Goodbye. Be happy. This is all I wish. Your beloved Ernest." The usual nonsense! **Norina** But if he leaves!... **Malatesta** He won't, I'm sure of it. In four skips I shall be with him, and he'll be part of our plot, so he will stay, and with all his heart. **Norina** As regards this plot, may I know what is it? **Malatesta** To punish his nephew,

Italian	English
che opponsi alle sue voglie Don Pasqual s'è deciso a prender moglie. **Norina** Già mel diceste. **Malatesta** Or ben, io suo dottore, vistolo così fermo nel proposto, cambio tattica, e tosto nell'interesse vostro, e in quel d'Ernesto, mi pongo a secondarlo. Don Pasquale sa ch'io tengo al convento una sorella, vi fo passar per quella - egli non vi conosce - e vi presento pria ch'altri mi prevenga; vi vede e resta cotto. **Norina** Va benissimo. **Malatesta** Caldo caldo vi sposa. Carlotto mio cugino ci farà da Notaro. Al resto poi tocca pensare a voi. Lo fate disperar: il vecchio impazza, l'abbiamo a discrezione... Allor... **Norina** Basta. Ho capito.	who opposed his will Don Pasquale decided to take a wife. **Norina** You've already told me. **Malatesta** Well as his Doctor, seeing he's firm with this decision, I choose a different strategy, for your interest, and for that of Ernest, I'll support him. Don Pasquale knows that I have a sister in convent, I want to pass you off to her- he doesn't know you- and I'll introduce you before someone comes earlier; he sees you and has a crush on you. **Norina** Excellent. **Malatesta** He will marry you on the spot. My cousin Charles will be our Notary. The rest is up to you. You play with his mind: he goes mad, Then he will be at our mercy... Then... **Norina** Enough. I understand.

Italian	English
Malatesta Va benone.	**Malatesta** Great.
Norina Pronta son; purch'io non manchi all'amor del caro bene: farò imbrogli, farò scene, so ben io quel ch'ho da far.	**Norina** I'm ready; Anything not to lose the love of my dearest: I'll play tricks, make some scenes, I'll show what I can do.
Malatesta Voi sapete se d'Ernesto sono amico, e ben gli voglio, solo tende il nostro imbroglio Don Pasquale a corbellar.	**Malatesta** You know I'm a friend of Ernest, and wish him well, and our plan seeks to deceive Don Pasquale.
Norina Siamo intesi. Or prendo impegno.	**Norina** We have a deal. I accept my role.
Malatesta Io la parte ecco v'insegno.	**Malatesta** Let me help you with your part.
Norina Mi volete fiera?	**Norina** Would you have me proud?
Malatesta No.	**Malatesta** No.
Norina Mi volete mesta?	**Norina** Or sad?
Malatesta No, la parte non è questa.	**Malatesta** That's not your part.

Italian	English
Norina Ho da pianger?	**Norina** Should I weep?
Malatesta No.	**Malatesta** No.
Norina O gridare?	**Norina** Or shout?
Malatesta No, la parte non è questa. State un poco ad ascoltar. Convien far la semplicetta.	**Malatesta** That's not your part. Listen to me. You must play simplicity.
Norina Posso in questo dar lezione.	**Norina** I'm very good at this.
Malatesta Collo torto, bocca stretta.	**Malatesta** Head turned aside, narrow mouth.
Malatesta e **Norina** Or proviam quest'altra azione.	**Malatesta and Norina** Let's try this act.
Norina *(con affettatura)* Mi vergogno... son zitella...	**Norina** *(acting)* I'm ashamed... I am a maiden...
Malatesta Brava, brava, bricconcella! Va benissimo così. Collo torto.	**Malatesta** Bravo, bravo, you little rascal! It can't be better. Head turned aside.

Italian	English
Norina Cosi...	**Norina** This way...
Malatesta Brava. Bocca stretta.	**Malatesta** Bravo. Narrow mouth.
Norina Mi vergogno.	**Norina** I'm ashamed.
Malatesta Oh, benedetta! Va benissimo cosi.	**Malatesta** Oh, excellent! It can't be better.
Malatesta e **Norina** Vado, corro al gran cimento, Sì corriam. Pieno ho il cor d'ardimento. A quel vecchio affé la testa questa volta ha da girar.	**Malatesta and Norina** Now I go, we must act, Let's hasten. My heart is full of courage. Of the old fool this time the head must be turned.
Norina Già l'idea del gran cimento mi raddoppia l'ardimento, già pensando alla vendetta mi comincio a vendicar. Una voglia avara e cruda i miei voti invan contrasta. Io l'ho detto e tanto basta, la saprò, la vo' spuntar.	**Norina** The idea of this operation fills my heart with courage, Just the thought of my vengeance makes me feel avenged. A cruel and mean desire in vain my wishes shall oppose. I've said it and that's enough, I will make it through.

Italian	English
Malatesta Poco pensa don Pasquale che boccon di temporale si prepari in questo punto sul suo capo a rovinar. Urla e fischia la bufera, vedo il lampo, il tuono ascolto; la saetta fra non molto sentiremo ad iscoppiar.	**Malatesta** Little thinks Don Pasquale what a threatening tempest is flickering at this moment upon his head. The tempest howls I can see a lightning and hear a thunder; the thunderbolt will be soon heard bursting everywhere.
Fine dell'atto primo	**End of Act One**

Italian	English
Atto secondo	**Act Two**
Sala in casa di don Pasquale.	*A hall inside the house of Don Pasquale.*
Scena prima	**Scene one**
Ernesto solo abbattutissimo.	*Ernest, alone and depressed.*
Ernesto Povero Ernesto! Dallo zio cacciato da tutti abbandonato, mi restava un amico, e un coperto nemico discopro in lui, che a' danni miei congiura. Perder Norina, oh Dio! Ben feci a lei d'esprimere in un foglio i sensi miei. Ora in altra contrada i giorni grami a trascinar si vada. Cercherò lontana terra dove gemer sconosciuto, là vivrò col cuore in guerra deplorando il ben perduto. Ma né sorte a me nemica, né frapposti monti e mar, ti potranno, o dolce amica, dal mio seno cancellar. E se fia che ad altro oggetto	**Ernest** Poor Ernest! Banished by my uncle by all abandoned, My only friend turned to be my secret enemy, conspiring behind my back. Lose Norina, oh God! I did right when I revealed my love to her with that letter. I shall now in another country spend my drained days. I shall seek a far off land where no one knows my pain, there I'll live with a broken heart regretting what I lost. Neither a cruel fortune nor mountains and sea will ever erase your sweet picture, from my mind, my dearest friend. If one day perhaps you shall

Italian	English
tu rivolga un giorno il core, se mai fia che un nuovo affetto spenga in te l'antico ardore, non temer che un infelice te spergiura accusi al ciel; se tu sei, ben mio, felice, sarà pago il tuo fedel. *(esce)*	give your heart to another man, if a new love shall replace your old desire, don't fear the curses of a wretched; if you, my beloved, are happy then I'll be happy for you. *(leaves)*
## Scena seconda	## Scene Two
Don Pasquale in gran gala seguito da un servo. **Don Pasquale** *(al servo)* Quando avrete introdotto il dottor Malatesta e chi è con lui, ricordatevi bene, nessuno ha più da entrar; guai se lasciate rompere la consegna. Adesso andate. *(il servo parte)* Per un uom sui settanta... (Zitto che non mi senta la sposina) convien dir che son lesto e ben portante. Con questo boccon poi di toilette... *(si pavoneggia)* Alcun viene... eccoli. A te mi raccomando, Imene.	*Don Pasquale enters dressed up nice and followed by a servant.* **Don Pasquale** *(to the servant)* When you have introduced Doctor Malatesta and the maiden who will be with him, remember well, don't let anyone enter; woe to you if you don't obey my order. Now leave. *(the servant exits)* For a man that's around seventy... (Softly, I must not let my young lady hear) All must admit at least that I'm bold and strong. And with this gorgeous dress... *(strutting)* There is someone coming... They're here. I count on you, love.

Italian	English
Scena terza	**Scene three**
Malatesta conducendo per mano Nerina velata.	*Malatesta enters leading Nerina, in veiled, by her hand.*
Malatesta Via, da brava.	**Malatesta** Please, come in.
Norina Reggo appena... Tremo tutta...	**Norina** I can hardly stand... I'm trembling all over...
Malatesta V'inoltrate. *(nell'atto che il dottor fa inoltrare, Norina accenna colla mano a Don Pasquale di mettersi in disparte, Don Pasquale si rincantuccia)*	**Malatesta** Come forward. *(While leading Norina forward, he makes a gesture to Don Pasquale to stay back, Don Pasquale sits in the background.)*
Norina Ah fratel, non mi lasciate.	**Norina** Oh brother, don't leave me.
Malatesta Non temete.	**Malatesta** Do not fear.
Norina Per pietà! *(appena Norina è sul davanti del proscenio il dottore corre a Don Pasquale)*	**Norina** In pity! *(Once Norina reaches the front of the stage, Doctor runs to Don Pasquale)*

Italian	English
Malatesta Fresca uscita di convento, natural è il turbamento, è per tempra un po' selvatica. Mansuefarla a voi si sta. **Norina** (Sta a vedere, vecchio matto, ch'or ti servo come va.) **Don Pasquale** Mosse, voce, portamento, tutto è in lei semplicità. La dichiaro un gran portento se risponde la beltà! **Malatesta** Mosse, voce, portamento, tutto è in lei semplicità. **Norina** Ah fratello! **Malatesta** Non temete. **Norina** A star sola mi fa male. **Malatesta** Cara mia, sola non siete, ci son io, c'è don Pasquale...	**Malatesta** Newly coming from a convent, Her embarrassment is natural, by nature she's a little hesitant. You'll have to tame her. **Norina** (You shall see, old fool, how I teach you a lesson.) **Don Pasquale** Her moves, her voice, her attitude all is so simple. She's a perfect match if she's beautiful too! **Malatesta** Her moves, her voice, her attitude all is so simple. **Norina** Ah brother! **Malatesta** Do not fear. **Norina** I don't want to stay all by myself. **Malatesta** My dear girl, you're not alone, I'm here and here's Don Pasquale...

Italian	English
Norina *(con terrore)* Come? Un uomo! Ah, me meschina: *(agitatissima)* presto, andiam, fuggiam di qua. **Don Pasquale** *(vedendo che vuol partire)* Dottore, dottore!... **Norina** (Sta a vedere, vecchio matto, chi'io ti servo come va.) **Don Pasquale** (Com'è cara e modestina nella sua semplicità.) **Malatesta** (Quella scaltra malandrina impazzire lo farà.) *(a Norina)* Non abbiate paura, è Don Pasquale, padrone e amico mio, il re dei galantuomini. *Don Pasquale si confonde in inchini.* *Norina non lo guarda.* *(a Norina)* Risponde al saluto. **Norina** *(fa una riverenza senza guardar Don Pasquale)*	**Norina** *(terrified)* How? A man! Ah, unhappy me! *(shocked)* Hasten, let's flee. **Don Pasquale** *(Seeing she is about to leave)* Doctor, doctor!... **Norina** (You shall see, old fool, how I teach you a lesson.) **Don Pasquale** (How lovely and modest she is with her simplicity.) **Malatesta** (This astute wicked little girl will drive him crazy.) *(to Norina)* Don't be afraid, it's Don Pasquale, a patron and a close friend of mine, and the king of the gentlemen. *Don Pasquale makes an abundance of* *bows. Norina doesn't look at him.* *(to Norina)* Why do not return his hello? **Norina** *(She bows but still without looking at Don Pasquale)*

Italian	English
Grazie, serva.	Thanks, I'm your humble servant.
Don Pasquale (Che piè... che bella mano!)	**Don Pasquale** (What a lovely hand!)
Malatesta (E già cotto a quest'ora.)	**Malatesta** (He had a crush already.)
Norina (Oh, che baggiano!) *Don Pasquale dispone tre sedie;* *siedono, dottore nel mezzo.*	**Norina** (Oh, what a chump!) *Don Pasquale takes three chairs; Doctor* *seats in the middle.*
Malatesta *(a Don Pasquale)* (Che ne dite?)	**Malatesta** *(to Don Pasquale)* (What do you think about her?)
Don Pasquale (È un incanto; ma, quel velo...)	**Don Pasquale** (She's beautiful; but that veil...)
Malatesta Non oseria, son certo, a sembiante scoperto parlare a un uom. Prima l'interrogate, vedete se nei gusti v'incontrate, poscia vedrem.	**Malatesta** She would not dare, I'm quite sure She's uncomfortable without that veil before a man. Ask her a few questions, to see if your tastes agree, then we'll see.
Don Pasquale (Capisco. Andiam, coraggio) *(a Norina)* Posto ch'ho l'avvantaggio... *(s'imbroglia)* Anzi il signor fratello...	**Don Pasquale** (I understand, Let's go, courage) *(to Norina)* Since I have the advantage... *(he gets confused)* Your brother...

Italian	English
Il dottor Malatesta... Cioè volevo dir... **Malatesta** (Perde la testa.) *(a Norina)* Rispondete . **Norina** *(facendo la riverenza)* Son serva, mille grazie. **Don Pasquale** *(a Norina)* Volea dir ch'alla sera la signora amerà la compagnia. **Norina** Niente affatto. Al convento si stava sempre sole. **Don Pasquale** Qualche volta al teatro? **Norina** Non so che cosa sia, né saper bramo. **Don Pasquale** Sentimenti ch'io lodo. Ma il tempo, uopo è passarlo in qualche modo.	Doctor Malatesta... I mean... **Malatesta** (He's lost his mind.) *(to Norina)* Reply. **Norina** *(Curtsying)* I'm your servant, many thanks. **Don Pasquale** *(to Norina)* I meant to say that in the evening a young lady as you are likes company. **Norina** Not at all. In the convent We used to stay alone. **Don Pasquale** Do you wish for the theater? **Norina** I don't know what it is, and don't desire it. **Don Pasquale** I praise these sentiments. But one must pass the time some way or other.

Italian	English
Norina Cucire, ricamar, far la calzetta, badare alla cucina: il tempo passa presto. **Malatesta** (Ah, malandrina!) **Don Pasquale** *(agitandosi sulla sedia)* (Fa proprio al caso mio.) *(al dottore)* Quel vel per carità! **Malatesta** *(a Norina)* Cara Sofronia. Rimovete quel velo. **Norina** *(vergognandosi)* Non oso... in faccia a un uom? **Malatesta** Ve lo comando. **Norina** Obbedisco, fratel. *(si toglie il velo)* **Don Pasquale** *(dopo averla guardata, levandosi a un tratto e dando indietro come spaventato)*	**Norina** In sewing and embroidery, knitting stockings, cooking: time really flies. **Malatesta** (Ah, wicked lady!) **Don Pasquale** *(moving in his chair)* (She's what I need.) *(to the doctor)* Remove that veil! **Malatesta** *(to Norina)* My dear Sophronia, remove that veil. **Norina** *(Feeling ashamed)* I dare not... Before a man? **Malatesta** It's an order. **Norina** I obey, brother. *(taking off her veil)* **Don Pasquale** *(Having looked at her, he moves back suddenly as if frightened)*

Italian	English
Misericordia!	For God's sake!
Malatesta *(tenendogli dietro)* Che fu? dite...	**Malatesta** *(holding him back)* What is it? Speak...
Don Pasquale Una bomba in mezzo al core. *(agitatissimo)* Per carità, dottore, ditele se mi vuole, *(con ansia)* mi mancan le parole, sudo, agghiaccio... son morto.	**Don Pasquale** A bomb right in the middle of my heart. *(Very agitated)* For pity's sake, Doctor, just ask her if she wants me, *(anxiously)* I'm speechless, I sweat, I'm petrified... I'm dead.
Malatesta (Via, coraggio, mi sembra ben disposta, ora le parlo.) *(piano a Norina)* Sorellina mia cara. Dite... vorreste... in breve. Quel signore... *(accenna Don Pasquale)* vi piace?	**Malatesta,** (Come, courage, she seems to like you, I'll speak to her.) *(softly to Norina)* My dear little sister. Tell me.. Would you like.. briefly That gentleman.. *(Pointing to Don Pasquale)* Do you like him?
Norina *(con un'occhiata a Don Pasquale che si ringalluzza)* A dirlo ho soggezione...	**Norina** *(With a quick glance to Don Pasquale, who is enchanted)* I'm uncomfortable saying it....
Malatesta Coraggio .	**Malatesta** Courage.

Italian	English
Norina *(timidamente)* Sì. (Sei pure il gran babbione!)	**Norina** *(Timidly)* Yes. (The great fool!)
Malatesta *(tornando a Don Pasquale)* Consente. È vostra.	**Malatesta** *(Turning to Don Pasquale)* She agrees. She's yours.
Don Pasquale *(con trasporto)* Oh giubilo! Beato me!	**Don Pasquale** *(With transport)* Oh joy! I'm a happy man!
Norina (Te n'avvedrai fra poco!)	**Norina** (You'll regret it soon!)
Don Pasquale Or presto pel notaro.	**Don Pasquale** Now quickly for the Notary.
Malatesta Per tutti i casi dabili ho tolto meco il mio ch'è in anticamera or l'introduco. *(esce)*	**Malatesta** I've thought of everything and I've brought mine, he's in the other room I'll introduce him. *(Exits)*
Don Pasquale Oh caro! Quel dottor pensa a tutto.	**Don Pasquale** Oh dear! The Doctor thinks of everything.
Malatesta *(rientrando col notaro)* Ecco il notaro.	**Malatesta** *(Re-entering with the Notary)* The Notary.

Italian	English
Don Pasquale e Norina seduti. I servi dispongono in mezzo alla scena un tavolo coll'occorrente da scrivere. Sopra il tavolo un campanello. Notaro saluta, siede e s'accinge a scrivere. Dottore in piedi a destra del Notaro come dettandogli.	*Don Pasquale and Norina seated. Servants arrange a table in the middle of the stage, with writing stuff. There is a bell on the table. The Notary bows, seats and begins to write. The Doctor stands at the right of the Notary as if to dictate.*

Scena quarta

Notaro e detti.

Malatesta
Fra da una parte etcetera,
Sofronia Malatesta,
domiciliata etcetera
con tutto quel che resta;
e d'altra parte etcetera
Pasquale da Corneto etcetera.

Notaro
...etcetera.

Malatesta
Coi titoli e le formole
secondo il consueto.

Notaro
...eto.

Scene Four

The Notary is in the room with the others.

Malatesta
Between on one part et cetera,
Sophronia Malatesta,
residing at.. et cetera
and all reminders
and on the other part et cetera
Pasquale of Corneto et cetera.

Notary
...et cetera.

Malatesta
With titles and formulas
As is customary.

Notary
… customary.

Italian	English
Malatesta Entrambi qui presenti, volenti, e consenzienti	**Malatesta** Both of them being here, willing and consenting
Notaro ...enti.	**Notary** … consenting
Malatesta Un matrimonio in regola a stringere si va.	**Malatesta** A valid marriage We are going now to formalize.
Don Pasquale *(al notaro)* Avete messo?	**Don Pasquale** *(to the Notary)* Have you written?
Notaro Ho messo.	**Notary** I've written.
Don Pasquale Sta bene *(va alla sinistra del notaro)* Scrivete appresso. *(come dettando)* Il qual prefato etcetera di quanto egli possiede in mobili ed immobili, dona tra i vivi e cede a titolo gratuito alla suddetta etcetera sua moglie dilettissima fin d'ora la metà.	**Don Pasquale** Very good *(moves to the left of the Notary)* Then write. *(as if dictating)* Don Pasquale of whatever he is possessed moveables and possessions, gives- being still alive- and cedes as an act free of charge to the aforesaid et cetera his beloved respectable wife from now on an equal half.

Italian	English
Norina Sta scritto.	**Norina** It is written.
Don Pasquale E intende ed ordina...	**Don Pasquale** And he wills and orders
Notaro ...na.	**Notary** ...orders.
Don Pasquale Che sia riconosciuta...	**Don Pasquale** That she will be acknowledged...
Notaro ...uta.	**Notary** … acknowledged.
Don Pasquale In questa casa e fuori...	**Don Pasquale** In this house and outside...
Notaro ...ori.	**Notary** ...outside.
Don Pasquale Padrona ampia assoluta, e sia da tutti e singoli di casa riverita...	**Don Pasquale** The absolute mistress, and by all she will be revered...
Notaro ...ita.	**Notary** … revered.
Don Pasquale Servita ed obbedita...	**Don Pasquale** served and obeyed...

Italian	English
Notaro ...ita .	**Notary** ...obeyed.
Don Pasquale Con zelo e fedeltà.	**Don Pasquale** With diligence and fidelity.
Malatesta e Norina *(a Don Pasquale)* Rivela il vostro core quest'atto di bontà.	**Malatesta and Norina** *(to Don Pasquale)* You show your heart with this act of human benevolence.
Notaro Steso è il contratto. Le firme...	**Notary** The contract is written. The signatures...
Don Pasquale Ecco la mia. *(sottoscrivendo con vivacità)*	**Don Pasquale** Here's mine. *(signing with impatience)*
Malatesta *(conducendo Norina al tavolo con dolce violenza)* Cara sorella, or via, si tratta di segnar.	**Malatesta** *(Leading strongly Norina to the table)* My dear sister, come, The next signature is yours.
Notaro Non vedo i testimoni, un solo non può star. *Mentre Norina sta in atto di sottoscrivere, si sente la voce di Ernesto dalla porta d'ingresso. Norina lascia cader la penna.*	**Notary** I can't see any witnesses, One alone is not enough. *While Norina is about to sign, Ernest's voice is heard from the threshold. Norina drops the pen.*

Italian	English
Ernesto *(di dentro)* Indietro, mascalzoni, indietro; io voglio entrar. **Norina** Ernesto! Or veramente mi viene da tremar! **Malatesta** Ernesto! E non sa niente; può tutto rovinar! *Ernesto senza badare agli altri va dritto a Don Pasquale.* ## Scena quinta *Ernesto e detti.* **Ernesto** *(a Don Pasquale con vivacità)* Pria di partir, signore, vengo per dirvi, addio, e come un malfattore mi vien conteso entrar! **Don Pasquale** *(ad Ernesto)* S'era in faccende: giunto però voi siete in punto. A fare il matrimonio mancava un testimonio.	**Ernest** *(from within)* Back, villains, back; let me enter. **Norina** Ernest! I can't believe it I begin to tremble! **Malatesta** Ernest! He knows nothing; he will ruin everything! *Ernest without regard to the others goes straight to Don Pasquale.* ## Scene Five *Ernest and the rest.* **Ernest** *(to Don Pasquale warmly)* Before I leave, sir, Let me say goodbye to you, but as a criminal I was not allowed to enter! **Don Pasquale** *(to Ernest)* We were busy: you come at a perfect time. To complete my marriage one more witness is required.

Italian	English
(volgendosi a Norina) Or venga la sposina!	*(turning to Norina)* Advance, my bride!
Ernesto *(vedendo Norina, nel massimo stupore)* (Che vedo? Oh ciel! Norina! Mi sembra di sognar!) *(esplodendo)*	**Ernest** *(Seeing Norina, in the greatest surprise)* (What? Oh God! Norina! I feel like I'm dreaming!) *(Breaking out)*
Malatesta (Per carità, sta' zitto, ci vuoi precipitar.) *(di soppiatto a Ernesto)*	**Malatesta** For pity's sake, be silent! You will ruin everything.) *(aside to Ernest)*
Don Pasquale *(ad alta voce)* La sposa è quella.	**Don Pasquale** *(loudly)* That lady is my bride.
Ernesto (Ma questo non può star.)	**Ernest** (It can not be.)
Malatesta *(prende Ernesto in disparte)* (Figliuol, non mi far scene, è tutto per tuo bene. Se vuoi Norina perdere non hai che a seguitar. *(Ernesto vorrebbe parlare)* Seconda la commedia, sta cheto e lascia far.)	**Malatesta** *(aside to Ernest)* (Please, don't make a scene, it's all for your sake. If you wish to lose Norina you have to endure. *(Ernest would speak)* Support the comedy, be silent and let us proceed.)
Norina (Adesso, veramente,	**Norina** (I can't believe it,

Italian	English
mi viene da tremar.)	I begin to tremble.)
Malatesta Questo contratto adunque si vada ad ultimar. *Il dottore conduce a sottoscrivere prima Norina poi Ernesto; quest'ultimo metà per amore, metà per forza.*	**Malatesta** It's time to conclude and sign the contract. *The doctor leads first Norina to write her signature, then Ernest; partly by love, partly by force.*
Notaro *(riunendo le mani degli sposi)* Siete marito e moglie.	**Notary** *(Joining the hands of the married couple)* You are husband and wife.
Don Pasquale (Mi sento a liquefar.)	**Don Pasquale** (I feel I'm evaporating.)
Norina e Malatesta (Va il bello a incominciar.) *(appena segnato il contratto, Norina prende un contegno naturale, ardito senza imprudenza e pieno di disinvoltura)*	**Norina and Malatesta** (The best part is starting.) *(The contract has been just signed and Norina acts in a natural way, bold and insolent.)*
Don Pasquale *(facendo l'atto di volerla abbracciare)* Carina !	**Don Pasquale** *(Trying to embrace her)* Beautiful!
Norina *(respingendo con dolcezza)* Adagio un poco. Calmate quel gran foco. Si chiede pria licenza.	**Norina** *(pushing him away gently)* Easy, easy, Calm down your passion. You should have asked for my permission first.

Italian	English
Don Pasquale Me l'accordate?	**Don Pasquale** Can I have it?
Norina No. *(qui il notaro si ritira inosservato; Don Pasquale rimane mortificatissimo)*	**Norina** No. *(The Notary retires unnoticed; Don Pasquale is mortified.)*
Ernesto Ah! Ah! *(ridendo)*	**Ernest** Ah!Ah! *(laughing)*
Don Pasquale *(con collera)* Che c'è da ridere, impertinente? Partite subito, immantinente, via, fuor di casa...	**Don Pasquale** *(in a rage)* What is there to laugh at, You impertinent? Leave now, Go out of my house…
Norina *(con disprezzo)* Ohibò! Modi villani e rustici che tollerar non so. *(ad Ernesto)* Restate . *(a Don Pasquale)* Altre maniere apprender vi farò.	**Norina** *(With contempt)* What is it? What graceless and rude manners I can not tolerate them. *(to Ernesto)* You can stay. *(to Don Pasquale)* Good manners I'll teach you.
Don Pasquale *(costernato)* Dottore !	**Don Pasquale** *(in consternation)* Doctor!

Italian	English
Malatesta *(imitandoli)* Don Pasquale!	**Malatesta** *(emulating)* Don Pasquale!
Don Pasquale E un'altra!	**Don Pasquale** She's different!
Malatesta Son di sale!	**Malatesta** What a change!
Don Pasquale Che dir vorrai!	**Don Pasquale** What happened to her?
Malatesta Calmatevi, sentire mi farò.	**Malatesta** Calm down, I'll speak to her.
Ernesto e Norina (In fede mia dal ridere frenarmi più non so.)	**Ernest and Norina** (I can't stop from laughing)
Norina *(a Don Pasquale)* Un uom qual voi decrepito, qual voi pesante e grasso, condur non può una giovane decentemente a spasso. Bisogno ho d'un bracciere. *(accennando Ernesto)* Sarà mio cavaliere.	**Norina** *(to Don Pasquale)* A man as decrepit as you are, As heavy and fat, Can not take out a young lady To walk. I need someone to hold me. *(Pointing to Ernest)* He shall be my cavalier.
Don Pasquale *(con vivacità)*	**Don Pasquale** *(warmly)*

Italian	English
Oh! questo poi, scusatemi, oh, questo non può star.	Oh! Absolutely not, That can not be.
Norina *(freddamente)* Non può star! Perché?	**Norina** *(coldly)* Why not?
Don Pasquale *(risoluto)* Perché nol voglio.	**Don Pasquale** *(Resolutely)* I don't want him here.
Norina *(con ischerno)* Non lo volete?	**Norina** *(With disdain)* You don't want him?
Don Pasquale *(come sopra)* No.	**Don Pasquale** *(as before)* No.
Norina *(facendosi presso a Don Pasquale, con dolcezza affettata)* Idolo mio, vi supplico scordar questa parola. Voglio, per vostra regola, *(con enfasi crescente)* voglio, lo dico io sola; tutti obbedir qui devono, io sola ho a comandar.	**Norina** *(approaching gently to Don Pasquale)* My dearest, I beg you to Grant my request. I want, as planned, *(with growing emphasis)* I want, I do say so myself; In my house all must obey me, My only command must obey.
Don Pasquale Dottore…	**Don Pasquale** Doctor…

Italian	English
Malatesta (Ecco il momento critico.) **Ernesto** (Vediamo che sa far.) **Don Pasquale** Ma... ma... **Norina** Non voglio repliche. **Don Pasquale** *(accennando Ernesto)* Costui... Non può. **Norina** *(instizzita)* Che ma?... Taci, buffone. **Don Pasquale** Io? Voi! **Malatesta ed Ernesto** *(Vediamo che sa far.)* **Norina** Provato ho a prenderti finora colle buone. *(facendoglisi presso con minaccia espressiva)* Saprò, se tu mi stuzzichi,	**Malatesta** (Now comes the critical moment.) **Ernest** (Let's see what happens.) **Don Pasquale** But… But… **Norina** I won't hear a word. **Don Pasquale** *(pointing to Ernest)* This man… Can't stay here. **Norina** *(in a rage)* How?... Be silent, fool. **Don Pasquale** Me? You! **Malatesta and Ernest** *(Let's see what happens)* **Norina** I have tried with you Being gentle so far. *(Approaching to him menacingly)* I will use my hands

Italian	English
le mani adoperar. *(Don Pasquale dà indietro atterrito)* **Don Pasquale** *(da se)* Ah! (Sogno?... Veglio?... Cos'è stato? Calci?... Schiaffi?... Brava! Bene! Buon per me che m'ha avvisato. Or vedrem che cosa viene! Bada bene, don Pasquale, è una donna a far tremar!) **Malatesta** (È rimasto là impietrato sembra un uom cui manca il fiato.) **Norina ed Ernesto** (Vegli, o sogni, non sa bene non ha sangue nelle vene.) **Malatesta** *(a Don Pasquale)* Fate core, don Pasquale, non vi state a sgomentar. **Norina** (Or l'amico, manco male, si potrà capacitar.) **Ernesto** (Or l'intrico, manco male, incomincio a decifrar.)	If you provoke me. *(Don Pasquale retire terrified)* **Don Pasquale** *(aside)* Ah! (Am I dreaming?... Am I sleeping?... What's that? Kicks?... Cuffs?.... Good! It's well she has warned me. Now let's see what happens! Be Careful, Don Pasquale, Don't let her walk over you! **Malatesta** (He stands quite petrified He's like a man out of breath.) **Norina and Ernest** (He doesn't know if he wakes or dreams No blood runs in his veins.) **Malatesta** *(to Don Pasquale)* Take heart, Don Pasquale, Don't be frightened. **Norina** (Now, my dear friend, You must begin to deal with it.) **Ernest** (Now the plan, good thing, I begin to figure out.)

Italian	English
Norina va al tavolo, prende il campanello, e suona con violenza. Entra un servo.	*Norina goes to the table, takes the bell, and rings loudly. A servant comes.*
Norina *(al servo)* Riunita immantinente la servitù qui voglio. *Servo esce.*	**Norina** *(to the servant)* Gather all the servants Here, instantly. *The servant exits.*
Don Pasquale (Che vuol dalla mia gente?)	**Don Pasquale** (What does she want with my servants?)
Malatesta (Or nasce un altro imbroglio.) *Entrando due servi e un maggiordomo.*	**Malatesta** (There'll be another trick now.) *Two servants and a majordomo enter.*
Norina *(ridendo)* Tre in tutto! Va benissimo, c'è poco da contar. A voi. *(al maggiordomo)* Da quanto sembrami voi siete il maggiordomo. *Maggiordomo s'inchina.* Subito vi comincio la paga a raddoppiar. *Maggiordomo si confonde in inchini.* Ora attendete agli ordini, *(al maggiordomo)* che mi dispongo a dar. Di servitù novella	**Norina** *(laughing)* Only three? That's fine, Not many to count. You. *(to the majordomo)* You seem to be The majordomo. *The majordomo bows.* Now I begin To double your salary. *The majordomo bows again.* Now listen to the orders, *(to the majordomo)* I'm going to give you. I need some new servants

Italian	English
pensate a provvedermi; sia gente fresca e bella, tale da farci onor. **Don Pasquale** *(a Norina con rabbia)* Poi quando avrà finito... **Norina** Non ho finito ancor. *(al maggiordomo)* Di legni un paio sia domani in scuderia; quanto ai cavalli poi, lascio la scelta a voi. **Don Pasquale** Poi, quando avrà finito... **Norina** Non ho finito ancor. **Don Pasquale** Bene. **Malatesta** Meglio. **Norina** La casa è mal disposta. **Don Pasquale** La casa?	And you must get for me; Young and good looking servants, That can bring us honor. **Don Pasquale** *(to Norina, with anger)* Then when you have finished… **Norina** I haven't finished yet. *(to the majordomo)* You must have two carriages In the stable tomorrow; As for the horses I'll leave the choice to you. **Don Pasquale** Then when you have finished… **Norina** I haven't finished yet. **Don Pasquale** Good. **Malatesta** Very good. **Norina** The house is not well arranged. **Don Pasquale** My house?

Italian	English
Norina La vo' rifar di posta; sono anticaglie i mobili, si denno rinnovar. Vi son mill'altre cose urgenti, imperiose, un parrucchier da scegliere, un sarto, un gioielliere. **Don Pasquale** *(con rabbla concentrata)* Avete mai finito? **Malatesta** *(a Ernesto)* Vedi... senti... meglio... che te ne par? **Don Pasquale** Ancora... Ebben... Che?... Se... Io... Voi... *(con rabbia concentrata)* Avete ancor finito? **Norina** Fate le cose in regola, non ci facciam burlar. **Malatesta ed Ernesto** (Comincia a lampeggiar.) **Don Pasquale** Ma dico... (Sto quasi per schiattar...) *(i servi partono)*	**Norina** I will re-arrange it; The furniture is dated, All must be renewed. Then several urgent things to do, I need to choose a hairdresser, A tailor and a jeweler. **Don Pasquale** *(with concentrated anger)* Have you done? **Malatesta** *(to Ernest)* Look…Listen.. What do you think? **Don Pasquale** Not yet..? If… I… You… *(with concentrated anger)* Have you done? **Norina** Do all these things right, Don't be laughed at by people. **Malatesta and Ernest** (He begins to lose control.) **Don Pasquale** I mean… (I'm going to blow up…) *(The servants leave)*

Italian	English
Chi paga?	Who's to pay?
Norina Oh bella! Voi.	**Norina** You, of course!
Don Pasquale A dirla qui fra noi non pago mica.	**Don Pasquale** Just between us I will not pay anything.
Norina No?	**Norina** No?
Don Pasquale *(riscaldato)* Sono o non son padrone?	**Don Pasquale** *(with heat)* Am I not the master here?
Norina *(con disprezzo)* Mi fate compassione. *(con forza)* Padrone ov'io comando?	**Norina** *(with disdain)* I feel sorry for you. *(strongly)* Master where I command?
Malatesta *(interponendosi a Norina)* Sorella...	**Malatesta** *(to Norina)* Sister…
Norina *(a Don Pasquale con furia crescente)* Or or vi mando...	**Norina** *(to Don Pasquale with growing anger)* Now I send you…
Ernesto (Bene! Meglio!)	**Ernest** (Excellent!)

Italian	English
Norina Siete un villano, un tanghero.	**Norina** You are a villain, a scoundrel.
Don Pasquale *(con dispetto)* È vero, v'ho sposato.	**Don Pasquale** *(bitterly)* That's true, I've married you.
Norina *(come sopra)* Un pazzo temerario…	**Norina** *(as before)* A stupid old man…
Malatesta *(a Don Pasquale che sbuffa)* Per carità, cognato! *(interrompendo)*	**Malatesta** *(to Don Pasquale who is huffing)* For pity's sake, brother in law! *(interrupting)*
Norina Che presto alla ragione rimettere saprò. *Don Pasquale è fuori di sé, vorrebbe e non può parlare, la bile lo affoga.*	**Norina** Whom I shall soon bring To his senses. *Don Pasquale is furious, tries to speak but he can't, but he's suffocated by his rage.*
Don Pasquale Io? Voi sola siete pazza! Io sono qui il padrone… Io… se… ma… Son tradito, calpestato, mille furie ho dentro al petto, quest'inferno anticipato non lo voglio sopportar.	**Don Pasquale** Me? You are the only one out of your mind! I'm the master here. I… If… but.. I'm betrayed, subdued, I'm furious, All this madness Won't be tolerated.

Italian	English
Norina	**Norina**
(piano ad Ernesto)	*(softly to Ernest)*
Or t'avvedi, core ingrato,	Now you see, ungrateful heart,
che fu ingiusto il tuo sospetto.	That your suspicion was groundless.
Solo amor m'ha consigliato	Love forced me
(accennando Don Pasquale)	*(turning to Don Pasquale)*
questa parte a recitar.	To play this role.
Don Pasquale, poveretto!	Don Pasquale, poor dear sight!
È vicino ad affogar.	Is nearly suffocated quite.
Ernesto	**Ernest**
(a Norina)	*(to Norina)*
Sono, o cara, sincerato,	I'm sorry, my dear,
momentaneo fu il sospetto.	Temporary was my suspicion.
Solo amor t'ha consigliato	Love forced you
(accennando Don Pasquale)	*(turning to Don Pasquale)*
questa parte a recitar.	to play this role.
Don Pasquale, poveretto!	Don Pasquale, poor dear sight!
È vicino ad affogar.	Is nearly suffocated quite.
Malatesta	**Malatesta**
(a Don Pasquale)	*(to Don Pasquale)*
Siete un poco riscaldato,	You're a little heated,
mio cognato, andate a letto.	My brother in law..it's time to go to bed.
Son stordito, son sdegnato,	I'm stunned, outraged,
l'ha costei con me da far.	This is too much.
(a Ernesto)	*(To Ernest)*
Attenzione, che il poveretto	Be careful not to let him see
non vi vegga amoreggiar.	You spooning.
Don Pasquale	**Don Pasquale**
(a Norina, ironico)	*(to Norina, ironically)*
La casa è mal disposta,	The house is now well arranged,

Italian	English
son anticaglie i mobili… Un pranzo cinquanta, un sarto, un gioielliere… **Norina** *(con dispetto)* Sì. *Ernesto e Malatesta ridono.* **Don Pasquale** *(sbuffando)* Son tradito, beffeggiato, mille furie ho dentro il petto, dalla rabbia, dal dispetto, son vicino a soffocar. **Fine dell'atto secondo**	The furniture is dated… I need new servants, A tailor and a jeweler… **Norina** *(bitterly)* Yes. *Ernest and Malatesta laugh.* **Don Pasquale** *(huffing)* I'm betrayed, ridiculed, I'm furious, For the anger and the fury I'm almost out of breath. **End of Act Two**

Italian	English
## Atto terzo	## Act Three
Sala in casa di Don Pasquale come nell'Atto I e II. *Sparsi sui tavoli, sulle sedie, per terra, articoli di abbigliamento femminile, abiti, cappelli, pellicce, sciarpe, merletti, cartoni, ecc.*	*The same room in the house of Don Pasquale, as act I and II.* *One the table, chairs and ground are spread different female clothes, dresses, hats, furs, shoes, sashes, boxes, etc.*
## Scena prima	## Scene One
Don Pasquale seduto nella massima costernazione davanti una tavola piena zeppa di liste e fatture; vari servi in attenzione. Dall'appartamento di donna Norina esce un parrucchiere con pettini, pomate, cipria, ferri da arricciare, ecc., attraversa la scena, e via per la porta di mezzo. *Cameriere facendosi sulla porta dell'appartamento di donna Norina ai servi.*	*Don Pasquale is seated, dismayed, before a table full of lists and invoices; Several servants are waiting. A hairdresser with combs, cream, powder and curling irons, comes out from Norina's chamber, and goes out through the door in the middle.* *Lady's Maid speaking to the servants from the door of Norina's chamber.*
Cameriere I diamanti, presto, presto.	**Lady's Maid** The diamonds, quickly.
Servi La cuffiara.	**Servants** The Milliner.
Cameriera Venga avanti.	**Lady's Maid** Come in.

Italian	English
La cuffiara portante un monte di cartoni viene introdotta nell'appartamento di donna Norina.	*The Milliner taking several boxes, is carried into Norina's apartment.*
Un Servo *(con pelliccia, grande mazzo di fiori, boccette d'odore che consegna a un servo)* In carrozza tutto questo.	**A servant** *(with a fur, a bouquet, and perfume bottles, which she gives to another servant.* Put all this stuff in the carriage.
Cameriere e Servi Il ventaglio, il velo, i guanti. I cavalli sul momento ordinate d'attaccar.	**Lady's Maid and Servants** The fan, the veil, the gloves. Tie the horses now As ordered.
Don Pasquale Che marea, che stordimento! È una casa da impazzar! *(corrono via tutti)* *A misura che le cameriere danno gli ordini, i servi eseguiscono in fretta. Ne nasce trambusto e confusione. Don Pasquale esaminando le note.* Vediamo: alla modista cento scudi. Obbligato! Al carrozziere seicento. Poca roba! Novecento e cinquanta al gioielliere. Per cavalli... *(getta la nota con istizza e si alza)* al demonio i cavalli, i mercanti e il matrimonio! *(pensa)*	**Don Pasquale** What madness, what a babel! Too much confusion in this house! *(All run away)* *The Maids give orders and the servants execute them quickly. That's the reason for the confusion. Don Pasquale checks the bills.* Let's see: A hundred crowns for The milliner. Obliged! For the coachbuilder Six hundred. Nothing to me! Nine hundred and fifty to the jeweler. For the horses... *(He throws the bill away and stands)* To the devil Horses, merchants and marriage! *(thinking)*

Italian	English
Per poco che la duri in questo modo, mio caro Don Pasquale, a rivederci presto all'ospedale!	For marriage I endure this confusion, Me unhappy Don Pasquale, I will soon need to check myself into the hospital!
Che cosa vorrà dir questa gran gala! Escir sola a quest'ora, un primo dì di nozze.	What can I think of these preparations? She goes out by herself at such an hour leaving me all alone on our wedding day.
(risoluto) Debbo oppormi a ogni modo ed impedirlo. Ma... si fa presto a dirlo. Colei ha certi occhiacci, che certo far da sultana... Ad ogni modo vo' provarmi. Se poi fallisce il tentativo... Eccola; a noi.	*(firmly)* I should oppose it every way and prevent it. But It's easy to say it. She has intimidating glances, A real mistress attitude… Anyway I have to try it. If then My attempt is unsuccessful… Here she comes; Now for it.
Norina entra correndo e, senza badare a Don Pasquale, fa per escire. È vestita in grandissima gala, ventaglio in mano.	*Norina enters running, without noticing Don Pasquale, then she goes out dressed up, and with a fan in her hand.*
Scena seconda	**Scene Two**
Norina e detto.	*Norina and Don Pasquale*
Don Pasquale Signorina, in tanta fretta, dove va, vorrebbe dirmi?	**Don Pasquale** Where are you running, young lady, Would you mind informing me?
Norina È una cosa presto detta,	**Norina** It's easy to say,

Italian	English
vo' a teatro a divertirmi.	I'm having fun to the theater.
Don Pasquale Ma il marito, con sua pace, non voler potria talvolta.	**Don Pasquale** But the husband, with your permission, Will not allow this.
Norina *(ridendo)* Il marito vede e tace: quando parla non s'ascolta.	**Norina** *(laughing)* The husband sees and remains silent: I don't listen to him when he speaks.
Don Pasquale *(imitandola.)* Non s'ascolta? *(con bile crescente)* A non mettermi al cimento, signorina, la consiglio. Vada in camera al momento. Ella in casa resterà.	**Don Pasquale** *(imitating her)* You don't listen to me? *(with growing rage)* Do not provoke me, Young lady, I warn you. To your chamber off you go now. You will remain at home.
Norina *(con aria di motteggio)* A star cheto e non far scene per mia parte la scongiuro. Vada a letto, dorma bene, poi doman si parlerà. *(va per uscire)*	**Norina** *(With an air of laughing at him)* Calm down and don't make a scene As for me I conjure you. Go to bed, sleep well, We'll talk tomorrow. *(going out)*
Don Pasquale *(interponendosi fra lei e la porta)* Non si sorte.	**Don Pasquale** *(Placing himself between her and the door)* You won't go anywhere.

Italian	English
Norina *(ironica)* Veramente!	**Norina** *(Ironically)* Really!
Don Pasquale Sono stanco.	**Don Pasquale** I'm tired of this.
Norina Sono stufa.	**Norina** I can not go any further.
Don Pasquale Non si sorte.	**Don Pasquale** You won't go anywhere.
Norina Non v'ascolto.	**Norina** I'm not listening to you.
Don Pasquale Sono stanco.	**Don Pasquale** I'm tired of this.
Norina Sono stufa.	**Norina** I can not go any further.
Don Pasquale Civettella!	**Don Pasquale** Scornful coquette!
Norina *(con gran calore)* Impertinente *(gli dà uno schlaffo)* prendi su che ben ti sta!	**Norina** *(with great heat)* You impertinent *(she punches him)* Take what you well deserved!
Don Pasquale *(da solo, quasi piangendo)*	**Don Pasquale** *(aside, almost crying)*

Italian	English
(Ah! è finita, Don Pasquale, hai bel romperti la testa! Altro affare non ti resta che d'andarti ad annegar.) **Norina** (E duretta la lezione, ma ci vuole a far l'effetto. Or bisogna del progetto la riuscita assicurar.) *(a Don Pasquale, decisa)* Parto dunque... **Don Pasquale** Parta pure. Ma non faccia più ritorno. **Norina** Ci vedremo al nuovo giorno. **Don Pasquale** Porta chiusa troverà. **Norina** *(vuol partire, poi ritorna)* Ah, sposo! Via, caro sposino, non farmi il tiranno, sii dolce e bonino, rifletti all'età. Va' a letto, bel nonno sia cheto il tuo sonno. Per tempo a svegliarti	(Ah!It's over, Don Pasquale, Don't go on knocking your head against a wall! Now you just have to go And drown yourself.) **Norina** (It's a hard lesson to learn, But it's necessary to have its expected effect. But now we must ensure the success of our project.) *(to Don Pasquale, decisively)* Then I go… **Don Pasquale** Oh sure. But don't dare return here. **Norina** We'll see tomorrow **Don Pasquale** The door will be locked at your return. **Norina** *(She leaves, then comes back)* Ah, my dear husband! Don't be a tyrant, Be gentle and kind, Think of your age. Go to bed, old man Relax and get some sleep. Your wife will come wake you

Italian	English
la sposa verrà.	In time.
Don Pasquale	**Don Pasquale**
Divorzio! Divorzio!	Divorce me! Divorce me!
Che letto, che sposa!	What a marriage, what a wife!
Peggiore consorzio	This is the worst
di questo non v'ha.	Affair ever, I'm sure.
Ah! povero sciocco!	Ah! Unhappy man!
Se duri in cervello	If you go on with all this clamor
con questo martello	A normal life with you
miracol sarà.	Would be a miracle.
Norina va via. Nell'atto di partire Norina lascia cadere una carta, Don Pasquale se ne avvede e la raccoglie.	*Norina leaves. During her departure, she drops a paper. Don Pasquale sees it and picks it up.*
Don Pasquale	**Don Pasquale**
Qualche nota di cuffie e di merletti	Some of the bills about caps and laces
che la signora semina per casa.	The lady likes to spread all around the house.
"Adorata Sofronia."	"Beloved Sophronia."
(nella massima ansietà)	*(anxiously)*
Ehi! Ehi! Che affare è questo!	Ahi! Ahi! What is this!
(legge)	*(he reads)*
"Fra le nove e le dieci della sera	"Between nine and ten this evening
sarò dietro al giardino,	I shall be behind the garden,
dalla parte che guarda a settentrione.	That side that looks out to the north.
Per maggior precauzione	For greater precautions
fa', se puoi, d'introdurmi	Let me get in through the secret door.
per la porta segreta. A noi ricetto daran securo l'ombre del boschetto.	The shadow of the wood will keep us safe.
Mi scordavo di dirti	One more thing
che annunzierò cantando il giunger mio.	I'll sing to announce my coming.
Mi raccomando. Il tuo fedele. Addio."	Remember. Your faithful lover. Adieu".

Italian	English
(fuori di sé) Questo è troppo; costei mi vuol morto arrabbiato! Ah! non ne posso più, perdo !a testa! *(scampanellando)* Si chiami Malatesta. *(ai servi che entrano)* Correte dal dottore, ditegli che sto mal, che venga tosto. (O crepare o finirla ad ogni costo.) *(esce)*	*(behind himself with rage)* This is too much; That woman Wants to make me die mad! Ah!I can not take it anymore, I'm losing my mind! *(Ringing the bell)* Send for Malatesta. *(To servants who enter)* Run immediately to the doctor, And tell him I'm sick, that he must come here quickly. (Either I must suffocate or end this.) *(He leaves)*
## Scena terza *Coro di servi e cameriere.* **Tutti** Che interminabile andirivieni! Tin tin di qua, ton ton di là, in pace un attimo mai non si sta. Ma... casa buona, montata in grande, si spende e spande, v'è da scialar. **Donne** Finito il pranzo vi furon scene. **Uomini** Comincian presto. Contate un po'.	## Scene three *Servants and maids.* **All** What endless coming and going! Ding ding here, ding ding there. They won't let us stay a moment in peace. But still it's a quite rich house, They spend here, they spend there, we're living large. **Women** When dinner was over, there were some scenes. **Men** They began early. Count a bit.

Italian	English
Donne Dice il marito: "Restar conviene". Dice la sposa: "Sortire io vo'". Il vecchio sbuffa, segue baruffa. **Uomini** Ma la sposina l'ha da spuntar. V'è un nipotino guasta-mestieri... **Donne** Che tiene il vecchio sopra pensieri. **Uomini** La padroncina è tutto foco. **Donne** Par che il marito lo conti poco. **Tutti** Zitto, prudenza, alcun qui viene; si starà bene, v'è da scialar. *(escono)*	**Women** The husband said "You must stay at home". Said the wife: "I go out". **Men** The little bride wins in the end. His nephew is involved somehow. **Women** Who upsets the old man. **Men** The mistress is quite a little spitfire. **Women** It seems she doesn't listen to her husband. **All** Hush, be silent, someone's coming; We'll be fine, we'll living large here. *(They exit)*
## Scena quarta *Malalesta ed Ernesto sul limitare della porta.* **Malatesta** Siamo intesi.	## Scene four *Malatesta and Ernest at the door.* **Malatesta** We have a deal.

Italian	English
Ernesto Sta bene. Ora in giardino scendo a far la mia parte.	**Ernest** Alright. Now off to the garden To play my part.
Malatesta Mentr'io fo qui la mia. Soprattutto che il vecchio non ti conosca!	**Malatesta** While I'll stay here to play mine. And above all don't let the old man Recognize you!
Ernesto Non temer.	**Ernest** Have no fear.
Malatesta Appena venir ci senti.	**Malatesta** When you hear us coming.
Ernesto Su il mantello e via.	**Ernest** I put the cloak on and I go.
Malatesta Ottimamente.	**Malatesta** Precisely.
Ernesto A rivederci. *Ernesto esce.*	**Ernest** We'll see you soon. *Ernest exits.*
Malatesta *(avanzandosi)* Questa repentina chiamata mi prova che il biglietto del convegno notturno ha fatto effetto.	**Malatesta** *(Coming forward)* This Unexpected call Proves me that the letter Of this night's meeting kicked in.

Italian	English
(guarda fra le scene) Eccolo! Com'è pallido e dimesso! Non sembra più lo stesso... Me ne fa male il core... Ricomponiamoi: un viso da dottore. ## Scena quinta *Don Pasquale abbattutissimo s'inoltra lentamente.* **Malatesta** *(andandogli incontro)* Don Pasquale... **Don Pasquale** *(con tristezza solenne)* Cognato, in me vedete un morto che cammina. **Malatesta** Non mi fate languir a questo modo. **Don Pasquale** *(senza badargli e come parlando a sé stesso)* Pensar che, per un misero puntiglio, mi son ridotto a questo!	*(Looks off)* Here he comes! How pale and sad he looks! He doesn't seem the same man... I feel bad for him… I'll pull myself together: a proper doctor's face. ## Scene five *(Don Pasquale looks very sad and advances slowly.)* **Malatesta** *(Going towards him)* Don Pasquale… **Don Pasquale** *(With solemn sadness)* Brother in law, in me you see A dead man walking. **Malatesta** Don't make me feel So sad. **Don Pasquale** *(without listening to him and as if speaking to himself)* To think that for a poor whim, I reduced myself to this condition!

Italian	English
Mille Norine avessi dato a Ernesto!	A thousand Norinas I'd have given to Ernest!
Malatesta *(Cosa buona a sapersi.)* Mi spiegherete alfin...	**Malatesta** *(that's a good thing to know it.)* Tell me what happened…
Don Pasquale Mezza l'entrata d'un anno in cuffie e in nastri consumata! Ma questo è nulla.	**Don Pasquale** Half the income Of the year in caps and ribbons has been spent! But that's nothing.
Malatesta E poi?	**Malatesta** What else?
Don Pasquale La signorina vuol uscire a teatro. M'oppongo colle buone non intende ragione, e son deriso. Comando... e della man mi dà sul viso.	**Don Pasquale** The young lady Wishes to go to the theater. I oppose nicely She won't hear reasons and I'm laughing at. I command … and she punched me.
Malatesta Uno schiaffo!	**Malatesta** A slap!
Don Pasquale Uno schiaffo, sì, signore!	**Don Pasquale** A slap, yes, sir!
Malatesta (Coraggio.) Voi mentite: Sofronia è donna tale, che non può, che non sa, né vuol far male:	**Malatesta** (Courage) You lie: Sophronia is such a kind And harmless woman:

Italian	English
pretesti per cacciarla via di casa, fandonie che inventate. Mia sorella capace a voi di perdere il rispetto! **Don Pasquale** La guancia è testimonio: il tutto è detto. **Malatesta** Non è vero. **Don Pasquale** È verissimo . **Malatesta** Signore, gridar cotanto parmi inconvenienza. **Don Pasquale** Ma se mi fate perder la pazienza! **Malatesta** *(calmandosi)* Parlate adunque. (Faccia mia, coraggio.) **Don Pasquale** Lo schiaffo è nulla, v'è di peggio ancora. Leggete . *(gli dà la lettera: il dottore fa segni di sorpresa fino all'orrore)* **Malatesta** Io son di sasso. (Secondiamo.) Ma come! Mia sorella	You may invent false stories to kick her out of your house. My sister might lose her respectability because of you! **Don Pasquale** My face is the proof: all is said. **Malatesta** This is false. **Don Pasquale** It's true. **Malatesta** Sir, No need to speak so loudly. **Don Pasquale** But if you test my patience! **Malatesta** *(calming down)* Then speak.(I need to stay calm.) **Don Pasquale** The slap is nothing, there's something even worse that it. Read this letter. *(He gives the letter to the doctor who makes gestures of surprise and horror)* **Malatesta** I'm petrified. (Let's play the part.) How!

Italian	English
sì saggia, buona e bella...	My wise, gentle and beautiful sister…
Don Pasquale Sarà buona per voi, per me non certo.	**Don Pasquale** Maybe she's gentle with you, surely not with me.
Malatesta Che sia colpevol sono ancora incerto.	**Malatesta** I'm still not sure about her guilt.
Don Pasquale Io son così sicuro del delitto, che v'ho fatto chiamare espressamente qual testimonio della mia vendetta.	**Don Pasquale** I'm so sure of this deed, That I sent for you to Witness my revenge.
Malatesta Va ben... ma riflettete...	**Malatesta** Well… But think about it…
Don Pasquale Ho tutto preveduto... m'ascoltate. Sediamo.	**Don Pasquale** I have a plan... Listen to me. Let's sit down.
Malatesta Sediam pure: *(minaccioso)* ma parlate!	**Malatesta** Let's sit down: *(threatening)* Speak!
Don Pasquale Cheti cheti immantinente nel giardino discendiamo; prendo meco la mia gente, il boschetto circondiamo; e la coppia sciagurata, a un mio cenno imprigionata, senza perdere un momento	**Don Pasquale** Softly, quietly We'll crawl in the garden; I'll bring all the servants with me, And we'll form a circle all around the garden; we'll catch the unlucky couple in the act and take them immediately

Italian	English
conduciam dal podestà.	To the magistrate.
Malatesta Io direi... sentite un poco, noi due soli andiam sul loco; nel boschetto ci appostiamo, ed a tempo ci mostriamo; e tra preghi, tra minaccie d'avvertir l'autorità, ci facciam dai due prometter che la cosa resti là.	**Malatesta** I have a different plan.. Listen to me, We two alone will go in the garden; We'll lurk among trees, And we'll jump out when it's time; We'll threaten the vile couple To go to the magistrate If they don't end their affair.
Don Pasquale *(alzandosi)* E siffatto scioglimento poco pena al tradimento.	**Don Pasquale** *(rising)* That would be such a little punishment For such treachery.
Malatesta Riflettete, è mia sorella.	**Malatesta** You need to think, she's my sister.
Don Pasquale Vada fuor di casa mia. Altri patti non vo' far.	**Don Pasquale** She shall leave my house. This is my only condition.
Malatesta È un affare delicato, vuol ben esser ponderato.	**Malatesta** It is a delicate matter, You need to think carefully about what to do.
Don Pasquale Ponderate, esaminate, ma in mia casa non la vo'.	**Don Pasquale** Ponder, think, But she must get away from my house.

Italian	English
Malatesta Uno scandalo farete, e vergogna poi ne avrete.	**Malatesta** You will start a big scandal, And you'll be ashamed of it.
Don Pasquale Non importa... non importa.	**Don Pasquale** I don't care…
Malatesta Non conviene, non sta bene: altro modo cercherò. *(riflette intanto)*	**Malatesta** That's not good, it can not be: I'll find another way. *(thinking about it)*
Don Pasquale *(imitandolo)* Non sta bene, non conviene... Ma lo schiaffo qui restò. *(pensano tutti e due)* Io direi...	**Don Pasquale** *(imitating him)* That's not good, it can not be… But she punched me. *(they're both thinking)* I'd say…
Malatesta *(a un tratto)* L'ho trovata!	**Malatesta** *(all of sudden)* I've found it!
Don Pasquale Oh! benedetto! Dite presto.	**Don Pasquale** Oh! You blessed! Speak quickly.
Malatesta Nel boschetto quatti quatti ci appostiamo di là tutto udir possiamo. S'è costante il tradimento la cacciate su due piedi.	**Malatesta** In the little wood We will hide quietly From there we'll eavesdrop everything. If real is treachery You'll kick her out immediately.

Italian	English
Don Pasquale Bravo, bravo, va benone! Son contento, bravo, bravo. (Aspetta, aspetta, cara sposina, la mia vendetta già s'avvicina; già già ti preme, già t'ha raggiunto, tutte in un punto l'hai da scontar. Vedrai se giovino raggiri e cabale, sorrisi teneri, sospiri e lagrime. Or voglio prendere la mia rivincita sei nella trappola v'hai da restar.) **Malatesta** (Il poverino sogna vendetta. Non sa il meschino quel che l'aspetta; invano freme, invano arrabbia, è chiuso in gabbia, non può scappar. Invano accumula progetti e calcoli; non sa che fabbrica castelli in aria; non vede il semplice	**Don Pasquale** Bravo, bravo! That pleases me, bravo. (Wait, wait, My dear little wife, My revenge Is coming; It will rain over you, It reached you, Tonight You will pay. Tricks, smiles Sighs and tears Will not help you. Now I'm taking My revenge You are in my trap And there you will have to stay.) **Malatesta** (The poor old man seeks revenge. The wretched doesn't know What's about to hit him; In vain he quivers, In vain he rages, He's locked in a cage, He can't escape. In vain he makes New projects and calculates; He knows not he's building Castles in the air;

Italian	English
che nella trappola da sé medesimo si va a gettar.) *(escono insieme)* *Boschetto nel giardino attiguo alla casa di Don Pasquale; a sinistra dello spettatore gradinata che dalla casa mette in giardino, a dritta belvedere. Piccolo cancello in fondo.* ## Scena sesta *Ernesto e Coro di dentro.* **Ernesto** Com'è gentil la notte a mezzo april! È azzurro il ciel, la luna è senza vel: tutto è languor, pace, mistero, amor, ben mio, perché ancor non vieni a me? Formano l'aure d'amore accenti, del rio nel murmure sospiri senti; il tuo fedel si strugge di desir; Nina crudel, mi vuoi veder morir! Poi quando sarò morto, piangerai, ma ritornarmi in vita non potrai. **Coro** *(di dentro)* Poi quando sarà morto, piangerai, ma ritornarlo in vita non potrai.	He can't realize That in the trap he Now goes to throw himself.) *(They both exit)* *The small wood near Don Pasquale's house; on the left a flight of steps leading from the house and on the other the small gate of the garden.* ## Scene Six *Ernest and chorus from within.* **Ernest** Oh sweet night in the middle of April! The sky is blue and the moon is uncovered: All is calm, peaceful, mystery and love, My dearest love, why don't you come to me? Winds of love blow With sad sighs And your beloved lover awaits you here; Cruel Norina, would you see me die! Then when I am dead, you'll weep, But this won't bring me back to life. **Chorus** *(from within)* Then when he is dead, you'll weep, But this won't bring him back to life.

Italian	English
Norina esce con precauzione dalla parte del belvedere, e va ad aprire a Ernesto, che si mostra dietro il cancello. Ernesto è avvolto in un mantello che lascierà cadere.	*Norina comes out cautiously from the gate and opens it for Ernest who is behind it. Ernest is wrapped in a cloak that he drops.*

Ernesto e Norina
Tornami a dir che m'ami,
dimmi che mia/mio tu sei;
quando tuo ben mi chiami
la vita addoppi in me.
La voce tua sì cara
rinfranca il core oppresso:
sicuro/sicura a te dappresso,
tremo lontan da te.

Si vedono Don Pasquale e Malatesta muniti di lanterne cieche entrar pian piano nel cancello, si perdono dietro agli alberi per ricomparire a suo tempo. Mentre Don Pasquale e Malatesta ricompariscono, Ernesto riprende il mantello e si scosta alquanto nella direzione della casa di Don Pasquale.

Don Pasquale
Eccoli; attenti ben…

Malatesta
Mi raccomando…

Ernest and Norina
Tell me again that you love me,
Tell me that you belong to me:
When you call me love,
It makes my life lighter.
Your sweet voice, my dear,
Gives strength to my heavy heart:
I feel safe when I'm with you
And I tremble when I'm not with you.

Don Pasquale and Malatesta are seen with dark lamps entering softly through the gate. They disappear behind the trees and reappear at the right moment. While Don Pasquale and Malatesta reappear, Ernest takes back his cloak and goes closer to Don Pasquale's house.

Don Pasquale
Here they come; Be careful…

Malatesta
Watch out…

Italian	English
## Scena settima	## Scene seven
Don Pasquale, Malatesta e detti.	*Don Pasquale, Malatesta and the rest.*
Don Pasquale *(sbarrando la lanterna in volto a Norina)* Alto là!	**Don Pasquale** *(With the lamps right before Norina's face)* Hold on there!
Norina Ladri, aiuto!	**Norina** Thieves, help!
Don Pasquale *(a Norina)* Zitta; ov'è il drudo?	**Don Pasquale** *(to Norina)* Be silent; where is the villain?
Norina Chi?	**Norina** Who?
Don Pasquale Colui che stava con voi qui amoreggiando.	**Don Pasquale** The man who was here Spooning with you.
Norina *(con risentimento)* Signor mio, mi meraviglio, qui non v'era alcuno.	**Norina** *(Offended)* Sir, I'm surprised, there was nobody here.
Malatesta (Che faccia tosta!)	**Malatesta** (How shameless!)

Italian	English
Don Pasquale Che mentir sfacciato! Saprò ben io trovarlo. *Don Pasquale e Malatesta fanno indagini nel boschetto. Ernesto entra pian piano in casa.*	**Don Pasquale** You dare to deny it! I will find that man. *Don Pasquale and Malatesta search for the man among the trees. Ernest softly enters the house.*
Norina Vi ripeto che qui non v'era alcun, che voi sognate.	**Norina** I'm telling you again That there was nobody here, that you dream.
Malatesta A quest'ora in giardin che facevate?	**Malatesta** What were you doing at this hour in the garden?
Norina Stavo prendendo il fresco.	**Norina** I was getting some fresh air.
Don Pasquale Il fresco! Ah, donna indegna, *(con esplosione)* fuor di mia casa, o ch'io...	**Don Pasquale** The fresh air! Ah, you unworthy woman, *(in a fury)* Out of my house, otherwise…
Norina Ehi, ehi, signor marito, su che tuon la prendete?	**Norina** Hey, hey! My dear husband, What are you saying?
Don Pasquale Escite, e presto.	**Don Pasquale** Out, quickly.
Norina Nemmen per sogno. È casa mia, vi resto.	**Norina** No way. It's my house, I'll stay.

Italian	English
Don Pasquale Corpo di mille bombe!	**Don Pasquale** For God's sake!
Malatesta (Don Pasquale, lasciate fare a me; solo badate a non smentirmi; ho carta bianca...)	**Malatesta** (Don Pasquale, Let me handle this; take care not To disprove it; I have carte blanche...)
Don Pasquale (È inteso.)	**Don Pasquale** (Perfect.)
Norina (Il bello adesso viene!)	**Norina** (Here comes the interesting part!)
Malatesta *(piano a Norina)* (Stupor misto di sdegno, attenta bene.) Sorella, udite, io parlo per vostro ben; vorrei risparmiarvi uno sfregio.	**Malatesta** *(softly to Norina)* (Surprise mixed with indignation, pay attention.) Sister, listen, I speak For your sake; I wish to spare You a disgrace.
Norina A me uno sfregio!	**Norina** A disgrace!
Malatesta (Benissimo.) Domani in questa casa entra la nuova sposa...	**Malatesta** (Very well.) Tomorrow there'll be a new bride in this house...
Norina Un'altra donna! A me simile ingiuria?	**Norina** Another bride! To me such an insult?

Italian	English
Malatesta (Ecco il momento di montare in furia.) *Don Pasquale tien dietro al dialogo con grande interesse.* **Norina** Sposa di chi? **Malatesta** D'Ernesto, la Norina. **Norina** *(con disprezzo)* Quella vedova scaltra e civettina! **Don Pasquale** *(a Malatesta)* Bravo, dottore! **Malatesta** Siamo a cavallo. **Norina** Colei qui a mio dispetto! Norina ed io sotto l'istesso tetto! *(con forza)* Giammai! Piuttosto parto. **Don Pasquale** (Ah! lo volesse il ciel!)	**Malatesta** (Now is the moment to show your madness.) *Don Pasquale is listening behind very interested.* **Norina** The bride of whom? **Malatesta** Of Ernest, that Norina. **Norina** *(with disdain)* That tricky, little coquette widow! **Don Pasquale** *(to Malatesta)* Well done, doctor! **Malatesta** We are Golden. **Norina** That widow in spite of me! I and Norina under the same roof! *(strongly)* Never! I'd rather leave. **Don Pasquale** (Ah! Thank God!)

Italian	English
Norina Ma... piano un poco. *(cambiando modo)* Se queste nozze poi fossero un gioco! Vo' sincerarmi pria. **Malatesta** È giusto. *(a Don Pasquale)* (Don Pasquale non c'è via; qui bisogna sposar quei due davvero, se no costei non va.) **Don Pasquale** (Non mi par vero.) **Malatesta** Ehi! di casa, qualcuno *(chiamando)* Ernesto...	**Norina** But...Easy. *(changing her attitude)* I have to make sure the wedding Is not a trick! **Malatesta** It's right. *(to Don Pasquale)* (Don Pasquale, there's no other way; We need to celebrate the marriage between these two, or she won't go.) **Don Pasquale** (I can't believe it.) **Malatesta** Hey! From the house, someone *(calling)* Ernest…
## Scena ultima *Ernesto e servi.* **Ernesto** Eccomi. **Malatesta** A voi accorda Don Pasquale la mano di Norina, e un annuo assegno	## Last scene *Ernest and the servants.* **Ernest** I'm here. **Malatesta** To you Don Pasquale grants Norina's hand, and a yearly allowance

Italian	English
di quattromila scudi.	Of four thousand crowns.
Ernesto Ah! caro zio! E fia ver?	**Ernest** Ah! My dear uncle! Is it true?
Malatesta *(a Don Pasquale)* (D'esitar non è più tempo, dite di sì.)	**Malatesta** *(to Don Pasquale)* (Not enough time to hesitate, Say yes.)
Norina M'oppongo.	**Norina** I oppose it.
Don Pasquale Ed io consento. *(ad Ernesto)* Corri a prender Norina, e d'unirvi io m'impegno in sul momento,	**Don Pasquale** I will allow it. *(to Ernest)* Run and bring Norina, And I'll celebrate the marriage on the spot,
Malatesta Senz'andar lungi la sposa è presta,	**Malatesta** Without wasting more time, the bride is ready,
Don Pasquale Come? Spiegatevi...	**Don Pasquale** How? Explain yourself...
Malatesta Norina è questa.	**Malatesta** That's Norina.

Italian	English
Don Pasquale Quella?... Norina?... Che tradimento! Dunque Sofronia?...	**Don Pasquale** That woman?... Norina?... What treachery is this! What about Sophronia?
Malatesta Dura in convento.	**Malatesta** She's in the convent.
Don Pasquale E il matrimonio?...	**Don Pasquale** And the marriage?...
Malatesta Fu un mio pensiero stringervi in nodi di nullo effetto, il modo a torvi di farne un vero. È chiaro il resto del romanzetto.	**Malatesta** Was a plan of mine To bind you by an ineffective bond, To prevent you from celebrating a true marriage. The rest of the story is quite simple.
Don Pasquale Ah bricconissimi... (Vero non parmi! Ciel ti ringrazio!) Così ingannarmi! Meritereste...	**Don Pasquale** Ah you rascals…(I can't believe it! Thank God!) Fooling me like that! You deserve...
Norina Via siate buono.	**Norina** Don't be angry.
Ernesto Deh! zio, movetevi! *(inginocchiandosi)*	**Ernest** Come on! Uncle, quickly! *(kneeling)*
Norina Grazia, perdono!	**Norina** Pardon, mercy!

Italian	English
Don Pasquale Tutto dimentico, siate felici; Com'io v'unisco, v'unisca il ciel! **Norina** La moral di tutto questo è assai facil trovar. Ve la dico presto presto se vi piace d'ascoltar. Ben è scemo di cervello chi s'ammoglia in vecchia età; va a cercar col campanello noie e doglie in quantità. **Don Pasquale** La morale è molto bella applicarla a me si sta. Sei pur fina, o bricconcella, m'hai servito come va. **Malatesta ed Ernesto** La morale è molto bella, Don Pasqual l'applicherà. Quella cara bricconcella lunga più di noi la sa. **Fine dell'Opera**	**Don Pasquale** I forget everything, may you be happy; As I unite you, so unite you, Heaven! **Norina** The moral of this story Is quite simple to be seen. I'll reveal it quickly If you listen to me. He must be quite stupid Who would marry when he gets old; He's only headed for trouble. **Don Pasquale** It is an interesting moral And it suits me very well. You are clever and cunning, Though you've been so abrasive with me. **Malatesta and Ernest** It is an interesting moral And it suits Don Pasquale just fine. That lovely smart lady Knows better than any of us. **End of the Opera**

Printed in Great Britain
by Amazon